José Peón y Contreras

¡Hasta el cielo!

Edición de Héctor Azar

Barcelona **2024**
Linkgua-ediciones.com

Créditos

Título original: ¡Hasta el cielo!

© 2024, Red ediciones S.L.

e-mail: info@linkgua.com

Diseño de cubierta: Michel Mallard.

ISBN tapa dura: 978-84-1126-005-3.
ISBN rústica: 978-84-9816-790-0.
ISBN ebook: 978-84-9897-882-7.

Cualquier forma de reproducción, distribución, comunicación pública o transformación de esta obra solo puede ser realizada con la autorización de sus titulares, salvo excepción prevista por la ley. Diríjase a CEDRO (Centro Español de Derechos Reprográficos, www.cedro.org) si necesita fotocopiar, escanear o hacer copias digitales de algún fragmento de esta obra.

Sumario

Créditos _____ **4**

Brevísima presentación _____ **7**
    La vida _____ 7

Personajes _____ **8**

Acto primero _____ **9**
    Escena I _____ 9
    Escena II _____ 12
    Escena III _____ 12
    Escena IV _____ 17
    Escena V _____ 17
    Escena VI _____ 23
    Escena VII _____ 26
    Escena VIII _____ 28
    Escena IX _____ 30

Acto segundo _____ **35**
    Escena I _____ 35
    Escena II _____ 36
    Escena III _____ 36
    Escena IV _____ 37
    Escena V _____ 41
    Escena VI _____ 42
    Escena VII _____ 45
    Escena VIII _____ 45
    Escena IX _____ 49
    Escena X _____ 50
    Escena XI _____ 52

Acto tercero _____ **55**

Escena I	55
Escena II	55
Escena III	57
Escena IV	57
Escena V	61
Escena VI	62
Escena VII	62
Escena VIII	68
Libros a la carta	**75**

Brevísima presentación

La vida

José Peón y Contreras (Mérida, Yucatán,12 de enero de 1843-Ciudad de México, 18 de febrero de 1907).
Desde joven mostró su talento literario. Estudió medicina en su ciudad natal, y obtuvo el título de médico en 1862. Trabajó como tal en Mérida, Veracruz y Orizaba, y después se estableció en la Ciudad de México. En 1865 se casó con Leonor del Valle. Obtuvo por oposición, la dirección del Hospital de Dementes de San Hipólito y la Cátedra de Enfermedades Mentales.
En 1896 ocupó la silla número IX de la Academia Mexicana de la Lengua. Ese mismo año viajó a Europa. Regresó a México a causa de una trombosis cerebral que lo dejó paralítico. Murió en Mexico el 18 de febrero de 1907.

José Martí describió la trama esta obra:

> Un Virrey de México amó a una mujer y pagó a un malvado para que diese muerte a su esposo: el secretario del Virrey, que sabe el crimen, pero no es conocido del alto personaje, ama a una joven que se educa en un convento, por el Virrey cuidada y protegida. El asesino, ya Marqués, ha exigido al Virrey la mano de la joven, que pasa por su pupila y es su hija. El secretario ha de estorbar el matrimonio: sabe que el pretendiente es el que mató a su padre: logra de Blanca una cita en su aposento: obsérvalo el Marqués, y entra tras él: vase Blanca con Sancho. y el escudero de éste, mata en riña de espadas al malvado. (...) Blanca está en casa de Sancho, y el Virrey viene a dolerse con su secretario de su pérdida. El hijo quiere vengar al padre muerto, y hay en el amor de Blanca pretexto de venganza. Con enunciar la situación, se da a entender lo que ha hecho en ella el talento de un hombre que no sabe escribir sin poner en cada frase un latido de su corazón. Blanca oye que no es amada: el Virrey declara que los amantes son hermanos: él tuvo a Blanca en la madre de Sancho: todo dolor estalla; toda desventura es cierta: ya no han de verse nunca: ella irá a un convento: él no sabe dónde irá: adiós se dicen... Hasta el cielo.

Personajes

Blanca
Beatriz, dueña de Blanca
Sancho Laínez
El Virrey de México
Don Tello de Sousa, marqués de Santa Flora
Fortún, escudero de Sancho

Acto primero

A la señora doña Leonor del Valle de Peón
Si éste, que bien podría llamar mi primer trabajo, hubiera alcanzado mala suerte, seguro estoy, esposa mía, de que en tus ojos hubiera hallado una mirada de cariño mi desventurado manuscrito. Pero tú oíste el generoso aplauso de un público benévolo.
En memoria de aquellos instantes de felicidad que juntos sentimos y gozamos juntos, deja escrito tu nombre en esta primera página.
Tu Pepe

La escena, en México. Época, siglo XVII

Salón en el palacio de los virreyes. Dos mesas en el fondo, con escritorio. Foro de salón de baile. Noche.

Escena I
Beatriz, Fortún

Beatriz	(Seguida de Fortún.) Es inútil, señor escudero, tanta insistencia.
Fortún	Mirad lo que perdéis.
Beatriz	No pierdo nada.
Fortún	El tiempo, cuando menos.
Beatriz	Vos sí que lo perdéis; dejadme en paz.
Fortún	Mi señor es muy rico.
Beatriz	Lo sé.

Fortún	Y ¿cómo lo sabéis?
Beatriz	Me lo imagino. ¡Sois tan dadivoso!...
Fortún	Dádivas quebrantan peñas.
Beatriz	Yo soy inquebrantable.
Fortún	El oro de mi señor no os deslumbra, ni la codicia os excita... ¿Alguno os paga mejor?
Beatriz	Puede...
Fortún	Pensad en que vuestra señora le ama.
Beatriz	Mi señora amará a quien su tutor le designe para esposo. ¿Lo entendéis?
Fortún	Bien; pero lo que yo os pido es simplemente una entrevista de mi señor con ella.
Beatriz	En mi casa, os dije ya que no; en la propia casa de mi señora, en donde osasteis penetrar furtivamente.
Fortún	(Acercándosele.) Beatriz... ¡Excelente, Beatriz!
Beatriz	¡Apartad! ¿Quién sabe con qué maligno objeto os atrevisteis a tanto?
Fortún	Ya os lo dije: doña Blanca...
Beatriz	Y ¿cómo ha podido saber vuestro señor que doña Blanca le ama?

Fortún	Lo sabe.
Beatriz	Ésa no es respuesta.
Fortún	Es.
Beatriz	Si nunca habló con ella.
Fortún	Sí tal.
Beatriz	Encerrada estuvo siempre en un convento.
Fortún	Los conventos rejas tienen.
Beatriz	¡Qué sacrilegio!
Fortún	Vos cargaréis con tal pecado.
Beatriz	¡Yo...! Y ¿por qué?
Fortún	Porque a mi señor no le proporcionasteis otros medios. Tomad, (Ofreciéndole un bolsillo.) cinco minutos...
Beatriz	¡Ni uno!
Fortún	Ved, dueña, que estoy resuelto a arrancaros una promesa.
Beatriz	Y ¿cómo?
Fortún	Si el oro no os ablanda las entrañas, el hierro podría muy bien deshacéroslas. (Llevando la mano a la espada.)

11

Beatriz	¡Ay Jesús!... ¿Me amenazáis?
Fortún	Sí, por mi vida.
Beatriz	¡Idos!... ¡Me dais miedo!
Fortún	Pues acceded, que si no...
Beatriz	¡Daré voces!
Fortún	¿Un escándalo?
Beatriz	Terco sois en demasía.
Fortún	Y vos, la más estúpida dueña que he conocido.
Beatriz	¿Yo?... ¡Dadme paso!
Fortún	Y la más testaruda, y...
Beatriz	¡Callad! Ruido escucho, y ojalá...
Fortún	¡Ya nos veremos! (Vase precipitadamente.)

Escena II
Beatriz   Es increíble, inaudita, la persecución que este hereje mal nacido me ha declarado; ¡vamos!...

Escena III
El Virrey, Beatriz

Virrey	¡Beatriz!
Beatriz	Señor...

Virrey	¿Qué me traes?
Beatriz	Un recado para Vuestra Excelencia de la venerable madre abadesa de las Concepcionistas.
Virrey	¡Hola!
Beatriz	Un recado y una carta.
Virrey	¿Una carta?
Beatriz	Hela aquí: en vuestras manos la pongo. (Le da un billete.)
Virrey	(Abriendo el billete y leyendo.) ¡Qué veo!
Beatriz	¡Cuando digo que ha sido audacia...!
Virrey	Letras de amores... y ¡a Blanca!
Beatriz	¡Y en aquel santo asilo!
Virrey	No leo aquí, ¡vive Dios!, ni la fecha ni la firma.
Beatriz	Encontróse ese billete, muy doblado y escondido, bajo los blancos manteles del pequeño altar de la celda que ayer mismo abandonó doña Blanca.
Virrey	Y ¿quién pudo...?
Beatriz	Eso se ignora. Ha sido una verdadera sorpresa.
Virrey	Y bien...

Beatriz	Celosa nuestra buena madre del reposo y tranquilidad de Vuestra Excelencia, me encarga os avise, para que andéis prevenido, señor.
Virrey	Manifiéstale, Beatriz, mi reconocimiento.
Beatriz	Además, doña Blanca... desde anoche...
Virrey	¿Qué es lo que tiene desde anoche?
Beatriz	Yo no sé, en realidad, lo que mi señora tiene; pero a decir lo cierto, ella está enferma.
Virrey	¿Enferma? ¡Sí!... Ya me lo presumía...
Beatriz	Un año hará, señor, si la memoria no me es infiel, que la veo triste, retraída, llorosa.
Virrey	Beatriz, ¿has observado tú?...
Beatriz	Y bien que he observado, señor; alguna oculta y misteriosa pena acibara su vida. Se adelgaza, va perdiendo la color, y desvelada noches enteras, sorprende el primer rayo de la luz del día alguna lágrima en sus ojos.
Virrey	¿Te habrás descuidado acaso?
Beatriz	Nunca, señor.
Virrey	Alguno de esos nobles lograría hablarle y...

Beatriz	Y ¿cómo podría ser eso? La he vigilado constantemente... He sido su sombra en los claustros; en el huerto, su sombra; su sombra en los jardines.
Virrey	¡Es increíble!
Beatriz	A no ser que...
Virrey	¡Habla!
Beatriz	A no ser que... porque ha de saber Vuestra Excelencia, poderosísimo señor, que de algún tiempo a esta parte gustaba doña Blanca de arrodillarse, todos los días, durante la misa mayor, en un rincón del coro bajo, cerca, muy cerca de la reja, y desde allí... porque habéis de saber también, excelentísimo señor, que del otro lado de la reja, en el templo, distinguía yo siempre, inmóvil, fijo, a un gallardo mancebo, que tal lo parecía por su arrogante apostura...
Virrey	Y ¿tú le viste el rostro?
Beatriz	No, no tal, que lo recataba con el embozo. Empero, sobre él veíanse brillar sus ojos... unos ojos...
Virrey	Y ¿ella?... Y ¿Blanca?...
Beatriz	Fijas en él tenía las miradas.
Virrey	¡Y tú me lo ocultaste!
Beatriz	¡Perdón, alto y gran señor, perdón! No creí que eso solo fuese bastante motivo para llamar la atención de su excelencia.

Virrey	Mal hiciste, muy mal, ¡viven los cielos! Y tú, ¿crees que el autor de esa carta...?
Beatriz	Pudiera ser el mismo.
Virrey	Y ¿piensas que estos amores...?
Beatriz	Desvelada, inquieta y malcontenta la traen; de todas maneras, aseguroos, señor que doña Blanca no amará al caballero que le destináis por esposo.
Virrey	Pues ello tendrá que ser así, Beatriz. Tú que tan grande influencia has logrado en su corazón, necesario es que procures aceptar sumisa y resignada ese enlace que... ¡me importa! Hazle comprender que una dama bien nacida debe, antes que nada, ciega obediencia al que ha velado por su felicidad desde que era niña... ¿Me entiendes?
Beatriz	Perfectamente. Pero hoy...
Virrey	Hoy no; mañana. Sírveme como hasta aquí, Beatriz, y yo recompensaré espléndidamente tu celo.
Beatriz	Por todo el oro del mundo, no venderá la fidelidad que debo a la poderosa persona de Su Excelencia. ¿No se os espera esta noche?
Virrey	No, no, Beatriz, porque hay una mascarada en Palacio, y no tendré tiempo; además, será bueno que ella repose.
Beatriz	Bien, señor.

Virrey   Ve. Que Dios te guarde.

Escena IV

Virrey   Ocultar a los ojos del mundo mi amor a esa criatura; ocultar eternamente su existencia a mi propia familia, para evitar explicaciones que el mundo exige y la familia pide! ¡Ahogar en el corazón las expansiones de este cariño sin límites!... Imposible, ¡esto es morir!... Si aquí la trajera... No, no; mi limpia reputación padecería. ¡Y ese miserable marqués que para esposa la codicia...! Las ocho. (Se oyen sonar las ocho.) Sancho no debe tardar... Aquí está.

Escena V
(El Virrey y Sancho, que trae una cartera bajo el brazo.)

Virrey   Tan puntual como de costumbre, mi buen secretario.

Sancho   Ése es mi deber, señor.

Virrey   No abulta gran cosa, a lo que parece, el correo de España.

Sancho   Vuestra Excelencia dice muy bien.

Virrey   Y me alegro; alégrome en gran manera, mi buen Sancho, porque de ese modo en breve tornaremos a gozar de nuestra hermosa fiesta. ¿Estuviste en el salón?

Sancho   De él acabo de salir. Es espléndida la concurrencia.

Virrey	Bien, bien. En tanto que mi noble esposa le hace los honores, despachemos el correo.
Sancho	(Leyendo los expedientes que sacará uno a uno de la cartera.) Una pragmática de Su Majestad, que Dios guarde, en favor de los indios.
Virrey	Bien.
Sancho	Una carta participando la llegada a Veracruz de un visitador apostólico, dirigida a Vuestra Excelencia, por él mismo.
Virrey	Saldremos a recibirle.
Sancho	Una encomienda para don Tello de Sousa, marqués de Santa Flora.
Virrey	Bien, muy bien.
Sancho	Cartas particulares para Su Excelencia.
Virrey	Dámelas. (Aparte.) ¿Habrá venido entre ellas la que con tanta ansiedad espero...? Ésta no es... (Leyendo solo las firmas.) Ni ésta... Ni esta otra... ¡Oh!, aquí está. (Lee.) ¡Dios mío! (Alzando la voz.) Nada... ¡Nada de Juan de Paredes!...
Sancho	¿De Juan de Paredes habéis dicho?
Virrey	¿Le conoces acaso?
Sancho	¿Que si le conozco?... ¡Ah, señor! ¿No habéis notado en mí?...

Virrey	Sí, Sancho, sí lo he notado: estás hoy de mal humor; pero ¿qué tiene eso que ver...?
Sancho	Que hoy he recibido una carta de ese buen Juan de Paredes que acabáis de nombrar. ¿Conocéis su historia?
Virrey	No, no tal... Me interesaba por él... Una recomendación...
Sancho	¡Ah!, ¿os le habían recomendado? Pues es inútil que os ocupéis más de él...
Virrey	Acaso...
Sancho	Pues ¡qué! ¿Os figuráis que ha sido poco lo que ha sufrido ese infeliz?
Virrey	¿Tú sabes algo de él?
Sancho	Él ha sido el único amigo de mi infancia... Huérfano el desventurado desde la edad de cuatro años, víctima de un horrible crimen...
Virrey	(Con sorpresa.) ¿De un horrible crimen?
Sancho	Él había nacido para ser feliz; vio la luz primera en una casa solar cerca de Balmaseda. Su padre, Diego de Paredes, tenía, además de ese hijo, algunos bienes de fortuna, y una esposa, dechado de hermosura y gentileza, joven, muy joven; llamábase Mencia... ¡Infeliz doña Mencia!

Virrey (Aparte.)	¡Desventurada!
Sancho	Diego de Paredes era dichoso, muy dichoso. Acariciaba la Fortuna aquel su tranquilo hogar... Pero desgraciadamente acampó en Balmaseda un regimiento de los de Flandes, y el capitán de ese regimiento conoció a la bella esposa de don Diego. ¡El capitán era un infame!
Virrey (Aparte.)	¡Ah!
Sancho	Una noche, mientras el infeliz esposo dormía, fue asaltada su casa, maniatada su servidumbre y... ¡robada doña Mencia! Mano alevosa había clavado un puñal en el generoso pecho de Diego de Paredes. El niño, que dormía con su ama en una pieza apartada, fue respetado, ¡Qué horrible noche debió ser aquélla!
Virrey	¡Horrible!
Sancho	Dicen que el cielo estaba negro y el trueno estallaba en las alturas...
Virrey (Aparte.)	¡Sí...!
Sancho	¡Y al estallar debía oírse para el infame la maldición del Señor!
Virrey	¡Debía revelarse en el estampido del trueno la maldición de Dios para el infame!
Sancho	Aquel niño, privado así del maternal regazo, lloró mucho, ¡mucho! En alas de la inocencia sus lastimeros gemidos llegarían como una oración al trono del Altísimo, y al cabo de algunos meses no parecía sino

que sus lágrimas habían cicatrizado al fin la cruenta herida de don Diego... Y pasaron los años... y una noche —¡más espantosa todavía debió ser aquella noche!— el esposo ultrajado halló a la esposa robada que, creyéndose viuda, vivía con el asesino, con el asesino que representaba para ella el papel de salvador...

Virrey   ¡Ah!

Sancho   El esposo mató a la esposa y arrojó su cadáver a un soto... Y ¿no os figuráis, señor virrey, lo que sufriría el hijo de doña Mencia?; ¿cuál su dolor, cuál su angustia, cuando un día supo que la sangre de, su sangre había caído en el lodo, y que la carne de su carne había sido pasto de buitres...?

Virrey   ¡Horror...!

Sancho   ¡El seductor infame era un cobarde! No desnudó el acero, el acero envilecido en sus manos, para defender a su víctima... Huyó el miserable; pero ocho días después, Diego de Paredes caía cobardemente asesinado por el traidor puñal de mercenaria mano, para no levantarse más... Su hacienda fue incendiada... sus arcas robadas... y el hijo, Juan, abandonado a la caridad, ¡a las frías caricias de una mujer que lo escondió y lo alimentó con el duro pan de los pobres!...

Virrey   Y ¿esa mujer?

Sancho   No existe ya... ¿Os interesaba?

Virrey   No.

Sancho	Pasaron los años... ¡El niño se hizo hombre y sintió en su pecho lacerado por el infortunio, la insaciable sed de venganza!... Y ha de haber pasado una cosa horrenda en la presencia de Dios, que todo lo escucha y todo lo ve. De un lado, el asesino en largas noches de insomnio, viendo correr sangre debajo de su ostentoso lecho; en el espléndido cortinaje, manchas de sangre... manchas de sangre en el espacio... ¡manchas de sangre en todas partes...!
Virrey	(Posesionándose poco a poco, como si en realidad pasara todo a sus ojos.) ¡Eso es, manchas de sangre en todas partes!
Sancho	Y del otro lado, al huérfano maldiciendo su desventura, desesperado, en interminables noches de vigilia... ¡buscando al ladrón que le robó su hacienda, y su porvenir y sus esperanzas! De un lado, el asesino sin consuelo.
Virrey	¡Sin consuelo!
Sancho	Acosado por los remordimientos...
Virrey	¡Sí!
Sancho	Y mirando a todas horas...
Virrey	(Posesionándose ya enteramente y como fuera de sí.) A todas horas el aterrador fantasma sangriento de cada una de sus víctimas... ¡Siempre...! ¡Siempre delante de él...! ¡Siempre a los lados...! ¡Siempre detrás...!

Sancho	Y oyendo la voz del huérfano...
Virrey	La voz del huérfano resonando siempre en sus oídos... aguda como el acero y filosa... lúgubre como el eco de la campana que toca a muerto... ¡pavorosa como la voz del trueno!
Sancho	Como la voz del trueno que estallaba en las alturas...
Virrey y Sancho	(A un tiempo.) ¡Aquella horrorosa noche!...
Sancho	(Con marcada transición.) ¡Ah!... ¡No parece, señor virrey, sino que vos sois la víctima o el verdugo!, ¡os posesionáis tanto...!
Virrey	Sí... Yo estoy loco, tienes razón. Me posesiono tanto algunas veces de las desgracias ajenas... Como se trata de ese joven a quien me habían recomendado...
Sancho	¡Pobre Juan!
Virrey	¿Murió?
Sancho	Murió, sí; en su lecho de agonía escribió con mano trémula la carta que hoy he recibido. ¡Séale leve la tierra, señor virrey!

Escena VI

(Dichos y Don Tello, con un dominó en el brazo y una carta en la mano.)

Tello	Si me lo permitís...
Virrey	Adelante, marqués.

Tello	Acabo de recibir, como todos, en el mismo salón de la fiesta, cartas de Madrid, y tengo precisamente que marchar para allá.
Virrey	¿Os vais a España, don Tello?
Tello	Mañana mismo, pues necesito aprovechar la vuelta de la flota... ¡Hay tanto corsario en nuestras costas!
Virrey (A Sancho.)	Puedes poner los acuerdos al margen de esas reales órdenes de Su Majestad, Sancho. Ya tú sabes.
Sancho	(Sentándose a escribir.) Bien, señor.
Virrey	(Llamando a un lado a Don Tello.) Os doy la enhorabuena, marqués... Acercaos por acá. Acaba Su Majestad de concederos una encomienda. (Apartándose con Don Tello adonde supone que Sancho no puede oír.) Puedes marchar a España, Martín Pérez, y cuando retornes, Blanca será tuya.
Tello	¡Imposible!
Virrey	¡No me exasperes, Martín!
Tello	No me hablabais así cuando me fuisteis a proponer que matara...
Virrey	¡Calla!... Yo te aseguro...
Tello	Os conozco demasiado para fiar en vos.
Virrey	¡Martín!

Tello	No tengo confianza.
Virrey	Dar la mano de Blanca a un zapatero...
Tello	Hace ya mucho tiempo que no soy eso que decís. ¡Pudiera entre vuestros abuelos hallarse un albañil!
Virrey	Y ¿no estás ya suficientemente recompensado? ¿No te ofrecí elevarte y te elevé? ¿No te he comprado un título de marqués? Y ahora quieres...
Tello	La mano de Blanca.
Virrey	Pero si ella se niega...
Tello	¡Obligadla!
Virrey	¡Ira de Dios! Y si yo quiero...
Tello	¿Deshaceros de mí? ¡Ah! Bien podríais... Vos todo lo podéis, pero ya os he dicho otra vez, en España guardo unas cuantas líneas, debajo de las cuales están vuestro sello y vuestra firma. En ellas me ordenáis el asesinato, el crimen... El crimen nos liga; y si vos me hacéis matar, si no accedéis a mi demanda, virrey, la persona que tiene ese documento...
Virrey	¡Basta!
Tello	Ya lo veis... Ese documento me asegura de vos.
Sancho	He terminado, señor.
Tello (Alto.)	Con que esa boda...

Virrey	Se verificará mañana mismo, don Tello. Tú, mi buen Sancho, serás padrino.
Sancho	Pero permitidme os pregunte de qué boda se trata.
Virrey	Caso a una pupila mía con el señor marqués de Santa Flora.
Sancho	¿Una pupila vuestra? Señor, es extraño...
Virrey	Nada de eso; ella ha permanecido siempre en un convento, por eso no la conoces.
Tello	¿Y aún está en el convento?
Virrey	No, marqués, vive en un precioso y reducido palacio que le he preparado... Pero, venid, venid; mi presencia se hace indispensable en el salón.
Tello	(Dándole paso al Virrey.) Y en él acabaremos de coordinar la mejor manera de que se realicen nuestros mutuos deseos. Señor Laínez... (Saludando.)
Sancho (Saludando.)	Señor marqués...

Escena VII
Sancho, luego Fortún

Sancho	¡Se casa!... ¡La casan!... ¡Ah! ¡Esto no es posible!...
Fortún	¡Al fin se fueron! ¿Señor?...
Sancho	Fortún, ¿qué me quieres?

Fortún	Heme entrado hoy, hará una hora, furtivamente, en la casa de doña Blanca.
Sancho	¿Entraste?
Fortún	Hasta su mismo gabinete de labor.
Sancho	¿Dístele el billete?
Fortún	Sí.
Sancho	¿Vendrá?
Fortún	Ahí está ella.
Sancho	¿Quién?
Fortún	Doña Blanca.
Sancho	¿Doña Blanca, dices?
Fortún	Sí, señor; encubierto el rostro con un antifaz.
Sancho	Y ¿cómo la has conocido?
Fortún (Con rapidez.)	Conocióme ella a mí... Recordad que con el objeto de hacer llegar a sus manos algunos billetes vuestros, fui sacristán ocho días del convento de la Concepción. Además, esta tarde...
Sancho	Bien. Y ¿le has hablado?
Fortún	Os busca.

Sancho   ¿Ella? ¡Dios mío!

Fortún   Pero la dueña, la dueña no quiere separársele... Acabo de conseguir que algunos compañeros míos la entretengan.

Sancho   Entonces voy...

Fortún   Permitidme, señor, que no sea así: podéis comprometerla. Un instante, señor, esperad... Vuelvo.

Escena VIII
Sancho, después Blanca y Fortún

Sancho   ¡Oh! ¡Ella aquí! ¡Me ama!... ¡Sí, me ama! ¡Qué horrenda lucha!... Conducirla al martirio... ¡Si no fuera el virrey su tutor!... Si fuera...

Fortún   (Entrando con Blanca.) Aquí está... Ahí le tenéis. (Señalando a Sancho y retirándose hacia el fondo.)

Blanca   ¡Él!... ¡Sí, es él!...

Sancho   ¡Blanca!

Blanca   Caballero dos palabras.

Sancho   Vuestro soy.

Blanca   ¿De vos viene este papel?

Sancho   Lo escribió mi corazón.

Blanca	Debo recelar...
Sancho	¿Pero es posible?
Blanca	Ved cómo cumplo, Sancho.
Sancho	¡Blanca mía!... ¿Me amáis?...
Blanca	¡Y lo pregunta!
Sancho	Oírlo de vuestros labios quería.
Blanca	¡Os amo! Ya lo oísteis...
Sancho	Gracias. ¿Desde cuándo estáis fuera del convento?
Blanca	Desde ayer.
Sancho	Casaros quieren...
Blanca	Casarme, sí... ¡Y lo sabía!...
Sancho	Diez minutos hace que lo sé.
Blanca	¡Vos lo impediréis!
Sancho	Sí... ¡Lo juro! Tomad estos polvos, Blanca; necesitamos hablar mucho, mucho... Poned la mitad de lo que este frasco contiene en la tisana de Beatriz...
Blanca	¿Y qué?...

Sancho	¡Descuidad! Únicamente la harán dormir. Cuando hayan producido su efecto, asomad una luz a vuestra reja; yo acudiré.
Blanca	Y ¿el conserje?
Sancho	No temáis.
Blanca	¿Sabéis dónde vivo?
Sancho	Muy cerca de aquí; a un paso...
Fortún	(Asomándose.) Señor, al extremo de esa oscura galería distingo un bulto. Debe ser la dueña.
Blanca	¿Beatriz? ¡Ah! Que no me vea...
Sancho	¡Fortún! Acompaña a esta dama hasta su casa. Id sin temor, Blanca, Fortún es leal y es buena espada. Por allí, por la escalera interior.
Blanca	¡Sancho! (Despidiéndose.)
Sancho	Contad conmigo.

Escena IX
Sancho, después Beatriz

Sancho	Hermosa, hermosa como una mañana de primavera. ¡Inocencia y gentileza, vosotras sois su adorno! ¿Dónde hubo más dolor que el que aquí siento? Si no fueran ciertas mis sospechas... ¿Quién guarda ese secreto?... Es necesario saberlo. ¡Ah!... (Se arroja sobre

	la dueña, que en ese momento aparece por el fondo y la lleva al proscenio casi arrastrada.) ¡Ven acá!
Beatriz	¿Quién sois vos?
Sancho	¡Nada te importa!, ¡beata de Lucifer! ¡Ven acá!... ¡Ya te tengo entre mis manos!
Beatriz	¿Pero qué pretendéis?
Sancho	Hace un año que te persigue mi escudero, que te ofrece oro, ¡mucho oro! Y nada ha bastado para reducirte...
Beatriz	¡Soltad! ¡Soltad, que me hacéis daño!
Sancho	¿A qué has venido a esta fiesta?
Beatriz	Empeñóse doña Blanca...
Sancho	Y él, ¿lo sabe?
Beatriz	¡Ella! ¿Dónde está ella?
Sancho	La encontrarás en su casa. ¡Nada temas!
Beatriz	¡Me lastimáis!
Sancho	¿Qué es de ella el virrey?
Beatriz	¡Nada...! No sé qué me estáis diciendo.
Sancho	¡Contesta! (Desenvainando el puñal.)

Beatriz	No sé de qué me habláis... ¡Ah! ¡Misericordia! Voy a decíroslo...
Sancho	¡Estamos perdiendo el tiempo!
Beatriz	Es...
Sancho	¡Habla!
Beatriz	Su tutor.
Sancho	Y ¿la ve todos los días?
Beatriz	Todos.
Sancho	Hace dos meses, pretextando una enfermedad, el virrey desapareció de palacio y fue a encerrarse en el convento de la Concepción. ¿Es cierto?
Beatriz	Sí.
Sancho	Allí pasó tres días...
Beatriz	Sí.
Sancho	Y ¿por qué?
Beatriz	Doña Blanca estaba en peligro de muerte...
Sancho	Y ¿él?...
Beatriz	Velaba a su cabecera y lloraba.

Sancho	¡Él!... ¡El virrey lloraba! Esa palabra escapada de tus labios me lo revela todo... ¿Dices que es su tutor?
Beatriz	Sí.
Sancho	¡Mientes!
Beatriz	¡Por compasión!
Sancho	¡Miserable!... ¡Mientes!... ¡Mira, estamos solos...! Nadie nos ve... ¡Voy a coserte a puñaladas!
Beatriz	No... ¡No...! ¡Voy a decíroslo...! ¡Es... su padre!
Sancho	(Arrojándola al suelo.) ¡Su padre!... ¡Ah!, ¡su padre!... ¡Vete!... ¡Maldito seas, amor!

FIN DEL ACTO PRIMERO

Acto segundo

Sala en casa de doña Blanca. Puerta al fondo. A la derecha un balcón practicable. A la izquierda una puerta que comunica con el interior. Mesa al estilo de la época: un velador y junto a la mesa un gran sillón. Noche.

Escena I
Blanca, después Beatriz

Blanca	(Junto a la mesa preparando una taza de tisana para la dueña.) Bien: cuando ella venga encontrará preparada, como siempre, su taza de cordial... ¡Pobre Beatriz! No quisiera yo volverla a ver. Le tengo miedo... ¡Ella!
Beatriz (Entrando.)	¡Uf!... Por fin... ¡Por fin estoy aquí...! ¡Blanca! ¡Señora! Esto no se puede sufrir... Engañarme a mí, a la anciana Beatriz, que os tuvo de la mano cuando comenzabais a dar los primeros pasos ¿Quién os ha acompañado a casa? ¿Por qué os separasteis de mi lado? ¡Ah!... El señor lo sabrá todo... ¡Todo...!
Blanca	Beatriz, mi querida dueña, no te enojes.
Beatriz	¿No enojarme yo?... ¿Y para que esto pasara me instigasteis a ir a ese malhadado baile de máscaras? Engañando a su excelencia...
Blanca	¡Beatriz mía!
Beatriz	Yo soportaré su cólera, repito, pero sabrá cuanto ha ocurrido.
Blanca	¡No harás tal, Beatriz!

Beatriz	¿Lloráis...? ¿Lloráis...? No, hija mía, no; nada le diré... Ya basta... No quiero atormentaros más. Bien que pronto os casaréis...
Blanca	¡Jamás!
Beatriz	Blanca, hija mía; eso es muy mal hecho. La obediencia antes que nada. Si amas a otro, olvida, arroja de tu pensamiento su imagen: ésa es una tentación. Desoír los consejos del anciano a quien le debes todo, es una negra, negrísima ingratitud, y el cielo castiga las ingratitudes. ¡Ejem! ¡Ejem!... La tos... ¡La tos...! Con el aire frío de la noche y aquel susto se ha recrudecido.
Blanca	Tu tisana... Tu tisana, Beatriz: tómala.
Beatriz	Sí, la tomaré por no dejar de hacer algo, pero no ha de aliviarme, lo conozco... Siento que mi sangre hierve, tengo la calentura por dentro... ¿Te vas? ¿No rezamos?
Blanca	Sí, Beatriz. ¿Cómo no habíamos de rezar? Pero, ¿no ves que falta allí mi libro de oraciones?

Escena II
Beatriz, después el Virrey

Beatriz	¡Pobrecilla!... ¡Buen susto le he dado! Que dejo tan extraño le notó a mi tisana... ¿Será que ese hombre me ha derramado la bilis, y teniendo la lengua amarga...? Alguien se acerca... ¿Quién puede ser a estas horas?... ¡Ah!... ¡Su Excelencia!

Escena III
El Virrey, Beatriz

Virrey	¿Y Blanca?
Beatriz	Mejor... muy mejorada... ¿Queréis que la llame?
Virrey	No, espera. He resuelto, Beatriz, que esta misma madrugada se celebren las bodas de Blanca. Nada le digas. Sería una crueldad... ¡Aunque por otro lado pudiera convenirle ese matrimonio!... ¡Ah!... No sé qué hacer... no lo sé... ¡Ella! (Hablaremos después.)
Blanca	Señor...
Virrey	¡Beatriz, despeja! (Vase Beatriz.)

Escena IV
El Virrey, Blanca

Virrey	Siéntate aquí, hija mía, siéntate. (Blanca y el Virrey se sientan.) Temiendo importunarte había tomado la resolución de no venir esta noche; pero un suceso grave e inesperado obligóme a pesar mío... ¿Te sientes mal?
Blanca	No, señor. Estuve indispuesta... Pero me siento ya mejor.
Virrey	¡Blanca...! Debes haber comprendido cuánta ternura, cuánto amor encierra mi corazón para ti... Eres tú lo más querido, lo más idolatrado de mi alma... ¿Qué fueran para mí los días, muchos o pocos, que de vivir me restan, sin tu amor? En tu encierro mismo, en tu celda, en la estrechez del claustro, ¿no te he rodeado de cuantas comodidades, de cuantas ventajas proporcionan la educación y el dinero? ¿Podrás negarlo?

Blanca   No, señor; no podría negaros una felicidad que únicamente a vos debo... quién sabe a qué título.

Virrey   Ya te lo he dicho, Blanca. Era tu padre para mí, lo mismo que un hermano... Al dejarte huérfana y sola en el mundo, te entregó a mi cariño, cuando apenas brillaban en tu inocente mirada los primeros albores de la vida... Y ¡qué!... ¿Te he querido menos que si fuese en realidad tu propio padre?

Blanca   ¡Ah!... Eso no. El mío desde el cielo se ha de gozar en veros, haciendo aquí en la tierra sus veces, y pedirá al Señor envíe sobre vos la bendición de los buenos.

Virrey   Sí, hija mía; pero no estoy satisfecho. Pensando siempre en tu completa ventura, he determinado que salgas para siempre de la vida de clausura y oración que hasta aquí has llevado... Destrozaré para siempre la puerta de tus prisiones, que cerré con llave de oro. Tu alma oprimida, libremente volará. En la luz de nuevos horizontes se bañarán tus ojos, y ambiente de perfumes regocijará tu pecho... ¿Serás dichosa, hija mía?

Blanca   Debo serlo; mucho, sí.

Virrey   Anhelo que conozcas el mundo... Que su estruendo hiera tus oídos... Y quiero que a él te presentes para gozar sus inmensos bienes. Sí; pero al mismo tiempo he resuelto que aparezcas ante la sociedad escudada con el nombre de un ilustre caballero... ¿Qué es eso...? ¿Bajas la frente, hija mía?

Blanca	Dos veces, señor, me habéis hablado ya de lo mismo, y aunque os he manifestado de una manera vaga mi repugnancia por ese enlace, hoy... hoy que por tercera vez me habláis de eso... sabed...
Virrey	Dilo... ¿Qué he de saber...?
Blanca	Que no es posible.
Virrey	¡Que no es posible!
Blanca	¡Que vos no querréis, padre mío, porque mi otro padre que está en el cielo no puede quererlo tampoco! ¡Que vos no querréis, digo, que mi labio ante el altar del Señor pronuncie un falso juramento!
Virrey	Blanca...
Blanca	Porque yo no podría ser feliz al lado de ese hombre a quien me destináis...
Virrey	¡Ah...!
Blanca	Porque vos, señor, que anheláis mi dicha, mi ventura, mi contento en este mundo, vais a sacrificar mi corazón y mi vida, y tal vez, tal vez a procurar mi condenación eterna.
Virrey	Es preciso.
Blanca	Vos, vos no podéis querer eso...
Virrey	He dado mi palabra...

Blanca	Y ¿qué importa vuestra palabra cuando yo rehúso con toda mi alma esa engañosa felicidad que me ofrecéis?
Virrey	Mi honor está empeñado...
Blanca	Y por cumplir ese empeño ivais a hacerme desgraciada! ¡Padre... Padre...! ¡De rodillas os lo pido...! ¿Para eso velasteis a la cabecera de mi lecho tres noches eternas de agonía? ¡Hubiéraisme dejado morir, y yo os bendeciría ahora desde el cielo!...
Virrey	¡Blanca! ¡Blanca! Levántate...
Blanca	(Levantándose.) Volvedme a mi convento.
Virrey	¿Lo prefieres?
Blanca	Sí.
Virrey	¿A eso te inclina tu corazón?
Blanca	No... No me lleva al claustro mi corazón.
Virrey	¿Amas tal vez...?
Blanca	Señor...
Virrey	(Enseñándole el billete que le dio Beatriz en el acto primero.) ¿Quién ha escrito esto?
Blanca	¡Ah!... Una carta suya...
Virrey	¿De quién?... ¿De quién?... ¡Su nombre...! ¡Su nombre de familia!

Blanca	¡No lo sé! Lo ignoro... ¡No ha querido decírmelo!...
Virrey	¡Renuncia para siempre a ese amor! ¡Un desconocido! Mañana es necesario que se celebren tus bodas con el marqués.
Blanca	Mañana... ¿Decís que mañana?... ¡No! ¡No será ni mañana ni nunca! ¿Verdad que no? (Cambiando de tono y con profundo cariño.)
Virrey	(Enternecido.) Apártate, hija... (Aparte.) ¡Pobre Blanca!... Y él... ese marqués al fin es un bandido... (Llamando.) ¡Beatriz! (Aparte.) Es necesario, cuando menos, darle una tregua...

Escena V
Dichos, Beatriz, después Don Tello

Beatriz	Señor...
Virrey	(Aparte a Beatriz.) Esta llave pertenece a la puerta cerrada que has visto en tu aposento; esa puerta comunica con el palacio... Don Tello no tardará en llegar... No te muevas de aquí y dame parte de lo que ocurra.
Blanca	Alguien viene...
Virrey	Oigo pasos... Debe ser el marqués. Pasad, pasad, marqués... ¡Adelante! (Aparte.) ¡Cuidado, Blanca, cuidado!
Tello	Señora... (Saludando a Blanca.) Creía no encontraros, señor virrey.

Virrey	Llegáis a buen tiempo, don Tello. Mi pupila cree que es demasiado pronto el enlace; desearía más calma... Pero os dejo con ella y vos la convenceréis. (Aparte a Beatriz.) Cuando ese hombre salga, te espero... Hasta la vista, señor marqués. Hasta después, hija mía. ¡Qué noche...! (Se va.)
Blanca	Hasta después, señor.

Escena VI
(Don Tello, Blanca y Beatriz, que tomando un libro de oraciones y un rosario, se sienta junto al velador, en el gran sillón que estará cerca, y comienza a cabecearse al Principio de esta escena, hasta que se duerme.)

Tello	Por la tercera vez, la honra tengo de presentarme ante vos, señora, y por la tercera vez me abruma el sentimiento de encontrar burladas mis esperanzas.
Blanca	Señor marqués...
Tello	La primera ocasión que os vi, no os dignasteis ni aun siquiera mirarme; la segunda...
Blanca	Es inútil que continuéis: adivino cuanto vais a decirme, señor.
Tello	Dejadme al menos...
Blanca	Y me sorprende, en verdad, que a pesar de lo que en un lenguaje mudo, pero harto elocuente, os he manifestado, insistáis en una pretensión, a mi juicio, impropia de quien se precia de caballero.

Tello	Señora...
Blanca	Aunque educada dentro de las sombrías paredes de un convento, he aprendido en los libros, y he leído en mi propio corazón, todo lo que se debe uno a sí mismo.
Tello	No esperaba yo oír tales palabras de vuestros labios.
Blanca	¿Y qué os admira, señor? ¿Os he obligado acaso a que me améis?... ¿Cómo queréis, pues, obligarme a que os ame?
Tello	Señora, el tiempo y los merecimientos míos, ablandarán algún día para mí ese corazón de roca.
Blanca	¿Y si así no fuere?
Tello	Serán para mi dicha, suficiente disculpa vuestra adorable belleza, vuestra extraordinaria hermosura.
Blanca	Dejaos de galanteos...
Tello	Viviré siempre rendido a vuestras plantas.
Blanca	Y yo... ¿Cómo queréis que viva, señor marqués? ¿Nada os importo yo? ¿Yo no soy nada?... Vos, rendido a mis plantas... Vos, contemplando esta hermosura de que tan prendado os mostráis... Vos, alimentando en el ansioso pecho una esperanza... ¿Y yo...? Yo... ¡Con fingida sonrisa en el semblante!... ¡Con fingida mirada de cariño en los ojos...! ¡Con fingida palabra de abnegación en los labios!... ¡Vos, riendo; yo, llorando... Vos, alegre; yo triste, y en el corazón despechado, la hiel del cansancio y la tortura de la desesperación...! ¡Eso

	es muy bello!... ¡Muy bello!... ¿Y es ése el porvenir que me preparáis?
Tello	(Con despecho.) Blanca... A pesar de todo lo que me decís, no puedo prescindir de vos.
Blanca (Suplicante.)	¡Sed bueno...!
Tello	No me es posible serlo más.
Blanca	¡Sed generoso...!
Tello	No puedo.
Blanca	¡Sacrificaos a mi felicidad!
Tello	¡Hacedlo vos!
Blanca	El amor es el sacrificio, y yo no os amo.
Tello	¡Nunca!
Blanca	(Con resolución y energía.) ¿Ésa es vuestra última palabra?
Tello	¡Ésa!
Blanca	Pues oíd la última palabra mía: ¡jamás seré vuestra!
Tello	(Con profundo despecho.) ¡Mañana, señora, volveré a veros en el oratorio de Palacio! (Aparte.) ¡Ah!... ¡Ella ama a otro...! ¡Vigilaré!

Escena VII
(Blanca y Beatriz, ésta durmiendo.)

Blanca   ¡Dios mío! Y yo estoy sola... ¡Sola! ¿Y él...? ¡Ah!, sí... Él... Don Sancho ha jurado salvarme... ¿Beatriz?... El narcótico ha producido su efecto... Y apenas ha tomado una parte de su cordial. (Mirando a la taza.) Es necesario no perder el tiempo... (Toma la luz.) ¡Cómo palpita mi corazón! (Asoma la luz por el balcón.) ¿Me habrá visto?... (Retira la luz y la vuelve a dejar sobre la mesa.) ¡Virgen Madre de Dios!... ¡Que él venga!... ¿Quién será ese hombre que tal influencia, que tan misterioso poder ejerce sobre mí?... ¿De dónde viene? ¿Cómo se llama? ¡Ah!, respiro... Oigo subir las escaleras... ¡Él! ¡Es él!...

Escena VIII
(Blanca, Sancho, Fortún y Beatriz, ésta durmiendo.)

Sancho   (A Fortún desde la puerta del fondo.) ¿Cerraste el postigo de la calle?

Fortún   Sí, señor.

Sancho   ¿Guardas la llave?

Fortún   Aquí está,

Sancho   ¿Y el conserje?

Fortún   Asegurado.

Sancho   Retírate... (Adelantándose al proscenio.)

Blanca	(Recibiéndole.) ¡Ah, caballero...!
Sancho	Blanca... ¡Blanca hermosa! ¡Al fin estoy tranquilo a tu lado! ¡Te veo, respiro tu aliento y se bañan mis ojos, mi alma, mi ser entero, en la poderosa luz de tu mirada! ¡Ah! ¡Cuál me atraes!, ¡cuál me fascinas!
Blanca	Y yo... ¿No me ves? ¿No te gozas, Sancho, con esta alegría que siento que me roba el alma, que me la arrebata, que se la lleva?... Ya lo ves... Y ése, ¡eres tú! ¡Tú eres esa alegría!
Sancho	¡Qué sueño tan hermoso! (Aparte y pasándose la mano por la frente.) ¡Quién pudiera no despertar nunca de él!
Blanca	¿Y callas?
Sancho	La dicha me enmudece.
Blanca	¡Si supieras cuánto he sufrido callando!... Sí... ¡Lo debes saber! ¡Porque tú me has dicho que me adoras!... Un año entero viéndote solo al través de aquella doble reja... Unos cuantos instantes... ¡Los únicos de felicidad que yo he gozado, Sancho, en mi vida!
Sancho	¡Ya no volveremos a separarnos nunca, Blanca mía!
Blanca	¿Lo crees?
Sancho	¡Lo siento!
Blanca	¡Cuánta dicha!
Sancho	¡Cuánta felicidad!

Blanca	Yo mirándome en tus ojos...
Sancho	Yo en los tuyos mirándome...
Blanca	¡Eso es vivir!
Sancho	¡Eso es gozar!
Blanca	¡Ay...!
Sancho	¿Qué tienes...?
Blanca	Ese hombre...
Sancho	Desde que nos separamos le he buscado por todas partes...
Blanca	¿Para qué?
Sancho	¿Y lo preguntas, Blanca?
Blanca	No desistirá; aquí lo ha dicho.
Sancho	¡Los muertos siempre desisten!
Blanca	¿Matarlo intentas?
Sancho	¡Le mataré!
Blanca	¡Eso no!... No es necesario... Yo sola basto... Resistiré... Y allí, delante de Dios, no pronunciaré la palabra fatal... ¡Yo te lo juro!

Sancho	Y volverán a encerrarte para siempre...
Blanca	Es preferible.
Sancho	¿Y qué haré yo entonces...?
Blanca	Lo que yo haré... ¡Sufrir!
Sancho	Nunca podré yo resignarme a eso... ¡jamás!
Blanca	Si yo pudiera hacer que mi tutor...
Sancho	¡El virrey...!
Blanca	Sí.
Sancho (Aparte.)	Le olvidaba... ¡Me había olvidado de él!
Blanca	Me he arrojado a sus pies... Le he suplicado...
Sancho	(Con alegría.) ¡Ah! ¿Es un tirano ese hombre para ti?
Blanca	No, nunca lo ha sido: ¡me ama!
Sancho	(Con desconsuelo.) ¡Que te ama! ¡Que te ama, dices!
Blanca	Eso es... Siempre cariñoso y tierno padre para mí, ha procurado cercarme de infinitos goces...
Sancho (Aparte.)	¡Pluguiera al cielo que la aborreciese!
Blanca	Siempre delante de mí ha desaparecido el ceño de su frente. Yo he mirado en sus ojos brillar el rayo de la felicidad al influjo de mis caricias, y su voz natural-

	mente ruda y áspera se ha dulcificado al responder a mis palabras.
Sancho	¡Luego te ama mucho...!
Blanca	Pero hoy no... Hoy no, Sancho... ¿Lo creerías? Hoy cuando le rogué que se condoliese de mí, no ha escuchado mi súplica... Impasible ante mi clamor, sordo a mi ruego, me ha dejado oír su voz severa.
Sancho	Pues bien, Blanca. Entonces no queda más que un recurso... ¡Buscara ese hombre! (Se oyen golpes a la puerta de la calle.)
Blanca	Llaman...
Sancho	Blanca... y si no doy con ese miserable esta noche, si llega la mañana y...
Blanca	Estoy dispuesta a todo. ¡No seré suya! (Golpes a la puerta.) Llaman otra vez.
Sancho	Nada temas; no pueden abrir...
Blanca	Sospecharán...
Sancho	Me retiro... Bien, en ti confío y por lo que a mí toca, buscaré hasta en el mismo infierno a ese marqués.

Escena IX
(Dichos y Don Tello, por el balcón.)

Tello	No necesitáis de tanto para dar conmigo, ¡señor Sancho Laínez, aquí me tenéis!

Blanca	¡Ah!
Sancho	¡Mejor, tanto mejor, pues me ahorráis ese trabajo!
Tello	Y queréis decirme, ¿con qué derecho penetráis en esta casa y cerráis sus puertas con llave?
Sancho	Con el mismo que os asiste a vos para entrar por el balcón.
Tello	Esa dama es mi prometida.
Sancho	¿Lo creéis así?
Tello	¡Antes que despunte el alba será mi esposa!
Sancho	¡Pues eso quiere decir que antes que despunte el alba, vais a morir!
Blanca	(Despertando a Beatriz.) ¡Beatriz...!
Tello	¡Moriréis vos!
Sancho	¡En guardia!... (Cruzan los aceros.)
Blanca	(Despertando a Beatriz.) ¡Beatriz!... ¡Ve...!, ¡avisa a mi tutor...!
Beatriz	¡Qué miro! (Vase Beatriz por las habitaciones interiores.)

Escena X
Blanca, Sancho, Don Tello

Blanca	¡Basta...! ¡En mi presencia...!
Sancho	(Desarmando al marqués y poniendo un pie sobre la espada de éste.) ¡Ah, ya lo veis, os he desarmado...!
Tello	¡Oh, rabia!
Sancho	Blanca... Acércate... Ese hombre que ves allí, era hace algunos años un infeliz artesano de aldea... Gozaba fama de honrado: ¡la fama mentía! ¡Unas monedas de oro y un título de marqués armaron su brazo con el puñal del asesino!... Se está mirando la mano... ¡allí debe tener todavía la sangre de un anciano!... Pregúntale si es cierto... Mírale, Blanca, mírale... ¡Qué pálido se ha puesto...!
Tello	Y vos...
Sancho	¡Niégalo!... Acércate, Blanca... te da horror... ¿no es verdad?... ¡Oye! Aquel alevoso asesinato fue perpetrado en una solitaria encrucijada, a la moribunda luz del Sol. En una encrucijada también, al declinar de un día, esperé a ese hombre, me batí con él, hierro a hierro, como hoy; le desarmé, como hoy... luchamos... vencí y con mi daga alzada sobre su pecho, me refirió cobardemente su historia y la de su cómplice... ¡Asesino y traidor...! ¡Con ese hombre quieren casarte, Blanca!
Blanca	¡Nunca!
Sancho	¡Entonces... ven conmigo!

51

Blanca	Tú crees...
Sancho	Que si no huyes, te obligarán a ser suya.
Tello	¡Ira de Dios!
Blanca	¡Eso jamás!
Sancho	¿Vienes...?
Blanca	(Vacilando.) ¡Dios mío!...
Sancho	¡Blanca!
Blanca	¡Vamos!
Sancho	¡Fortún! (Fortún aparece.) ¡Detén a ese hombre! (Toma la espada de Don Tello que ha tenido bajo sus pies y se la arroja para que se defienda.)
Fortún	Señor...
Sancho	(Al oído de Fortún.) ¡Mátale! (Vanse Sancho y Blanca rápidamente.)

Escena XI
Don Tello, Fortún

Tello	(Que ha recogido su espada y quiere lanzarse en pos de los fugitivos, dice a Fortún que se le interpone.) ¡Miserable lacayo!
Fortún	¡Reñid!

Tello   ¡Sí, por Cristo...!

Fortún   ¡A muerte!

Tello   ¡A muerte! (Quedan luchando al caer el telón. Mucha rapidez en esta última escena.)

FIN DEL ACTO SEGUNDO

Acto tercero

Habitación de Sancho Laínez en Palacio. Puerta en el fondo, y a la derecha del espectador otra que comunica con las habitaciones interiores. Armas, sillas, una mesa y dos escaños.

Escena I

(Fortún, limpiando una espada.)

Fortún ¡Se me cansa más el brazo cuando bruño el acero, que cuando puesto en guardia le manejo contra el enemigo, así fuera por una hora! ¡Pobre marqués!... ¡La estocada fue buena... limpia! ¡Vive Dios! Bien puede uno exclamar como los nobles cuando alguna vez se ha derramado sangre noble, ¡y en buena lid, eso sí! Bien que a mí, solo el señor Sancho Laínez me ha vencido. ¡Ea! ¡Está este acero que ya!... Bien podría una mujer hermosa contemplar en él su semblante.

Escena II

(Fortún y Sancho, que entra, sombrío y lentamente.)

Sancho ¡Fortún!

Fortún Señor...

Sancho ¿Qué hiciste de Beatriz?

Fortún Como sabéis, desde esta mañana andaba bebiéndome los alientos. Se había empeñado en que yo debía saber algo y...

Sancho ¿Qué sucedió?

Fortún	Mostrómele al fin. Siguióme... Me dejó seguir; dirigíme, a mí aposento y ella tras de mí... una vez dentro, alargué la mano, la así del cuello; tras un ligero grito ahogado por mis dedos, púsele una mordaza, y arrojándola como un fardo sobre mi lecho, le até las manos por detrás... Allí debe estar la bruja encerrada bajo de llave; cuando al fin den con ella, estaremos lejos...
Sancho	Bien, Fortún. ¿Están listas mis armas?
Fortún	Sí, señor...
Sancho	Es necesario partir luego. Prepara las cabalgaduras.
Fortún	Listas quedan.
Sancho	¿Están listas...?
Fortún	Tres señor. Una para vos, otra para... doña Blanca...
Sancho	¡Sí!... Sería peligrosa, Fortún, nuestra permanencia en Palacio; podrían arrebatarme a esa dama, y prenderme a mí.
Fortún	Además, señor, muchos de vuestros amigos y las gentes de Palacio que acostumbran a entrar en vuestras habitaciones murmuran ya.
Sancho	¿Murmuran...?
Fortún	Es decir... extrañan que yo los detenga a la puerta y les prohíba la entrada... Y ya sabéis, señor: de las murmuraciones se pasa a las conjeturas, de éstas a la sospecha... Y el virrey está furioso; le he sorprendido

	en un arrebato de ira... ¡Parecía un demonio escapado de los infiernos!
Sancho	Bien, vete... Déjame solo. Espera mis órdenes allá fuera. No estoy para nadie.

Escena III

Sancho	¡Necesito la soledad! ¡Necesito vivir conmigo mismo unos instantes!... ¡Ah! ¡He gozado y he sufrido tanto en estas veinticuatro horas! ¡Y él!... El infame virrey luchando con la impotencia de su desesperación!... Yo, mejor que Fortún, le he visto... le he visto esta mañana llorar como a un niño, y luego revolverse, rugir como rugen las fieras cuando les arrebatan su último cachorro. ¡Ira de Dios!... ¡Qué dulce es la venganza! ¡Cuán hermosa! ¡Cuál se dilata el pecho, cuando respira el aire viciado... emponzoñado con los sollozos del verdugo!... ¡Qué le valen su poder y su grandeza! ¡Qué le valen sus lágrimas!... El dolor destroza su pecho, y aprieta, y ahoga, y corroe su corazón el más abominable de los tormentos... Yo he llevado a su alma el horror de la soledad... Pero ¿y ella?... Ella... ¡Infeliz!... ¡Y yo...! ¡Yo, desdichado, que la amo... que la idolatro... que no podré vivir sin ella...

Escena IV

(Sancho y Blanca, que aparece como espantada.)

Blanca	¡Sancho!
Sancho	¡Ah! Blanca... ¿qué tienes?
Blanca	Nada... nada... ¡Qué feliz soy al encontrarte aquí!...

Sancho	¿No dormías...?
Blanca	No... no puedo. El sueño huye de mis ojos.
Sancho	¿Por qué? ¿No estás aquí segura? ¿Qué tienes? No te he dicho...
Blanca	En vano pido al reposo que me ampare. Mi espíritu agitado se despierta; mi alma acuitada, vela... Vela por sus recuerdos y tiembla por el porvenir... ¡Hay momentos en que parece que voy a volverme loca!
Sancho	¡Estás trémula, helada... Blanca, tranquilízate...!
Blanca	La memoria de ese desdichado me persigue.
Sancho	¡Insistes aún!
Blanca	En vano intentas ocultármelo... Bien oí anoche a Fortún cuando te anunció la muerte de ese... ¡de ese marqués!
Sancho	¡Y bien!... Contados están los días del hombre. ¡Llegó para él la hora del castigo!
Blanca	Además... yo no puedo ocultártelo, Sancho: los instantes que pasan me parecen eternidades... No podemos seguir viviendo así... es necesario que Dios autorice esta unión.
Sancho	Pronto, muy pronto...
Blanca	Ésta no es mi casa. Por mucho que yo te ame, por mucho que sacrifique mi dignidad en aras de ese amor, no puedo estar tranquila. Siento algo aquí, en mi

	pecho, de que yo no tenía ni aun idea... Y... ya lo ves, no me atrevo a alzar los ojos delante de ti... El rubor que enciende mis mejillas es la vergüenza de la culpa...
Sancho	¿Tú, culpable...?
Blanca	¡Es igual!... ¿Qué soy yo aquí?... Cuando estoy sola nadie me mira, y quisiera ocultarme de mí misma... Si para arrancarme de mi hogar has abusado de mi cariño, ¡no te burles de mi debilidad!
Sancho	Blanca, Dios lee en nuestros corazones...
Blanca	¡Sí, y porque Dios lee en ellos, imploro de ti que de una vez termine esta situación...! Cuanto por mí ha pasado es la imagen de un sueño espantoso... ¡Soñarlo solo me hubiera parecido un imposible! ¡Cruel, esto es muy cruel...! Tu presencia basta para humillarme... ¡Y yo no puedo vivir sin tu presencia!... ¡Yo quiero que al mirarte mi corazón palpite de alegría! ¡Quiero sentir lo que siempre he sentido cuando te he visto!, ¡lo que sentía antes!... ¿Por qué huyes el rostro? ¿Por qué en tu frente pálida se extiende como una sombra que vela los pensamientos de tu alma...? ¿Por qué? ¿Por qué tu mirada torva y sombría se oculta recelosa bajo tus párpados y no me miras como siempre?
Sancho	Blanca... Tú sospechas...
Blanca	Yo no sospecho, no: yo creo... Confiésalo de una vez... ¡Nace y crece el amor lentamente, pero puede morir en un instante...! ¡Mía es la culpa!
Sancho	¡Calla!... ¿No ves que me estás destrozando el alma?

Blanca   ¡Oye! Anoche dormías... ¡Yo velaba! Sentíme estremecida de pronto por el acento lejano, entrecortado y trémulo de tu voz... Hablabas como si un peñasco enorme comprimiera tu pecho...

Sancho   Dices bien... ¡Así era!...

Blanca   Pronunciabas palabras de exterminio... de venganza... de deshonra... ¡de amor!

Sancho   ¡También de amor!

Blanca   Sí... Entre aquellas voces que partían arrancadas de lo íntimo de tu corazón y que como un eco se escapaban de tus labios, oí mi nombre... ¿Qué era eso, Sancho?... ¡Dímelo!

Sancho   ¡Un sueño!... ¡Una pesadilla horrible! No sé si dormía. Yo no sé si estaba despierto. Te veía, Blanca, humillada, degradada, envilecida... Manchada tu frente y tus ojos entristecidos por el llanto... Vertías un mar de lágrimas... Enferma, pálida, despidiendo sollozos que partían el alma, atravesabas sin embargo, por el mundo, arrastrando en el lodo de la infamia tu fastuoso vestido de cortesana... El virrey, torvo, iracundo, doblegado bajo el peso de su infortunio, te seguía a lo lejos... Y ¡yo tras él...! ¡Aquello parecía una procesión de los antros infernales...! Así íbamos... Y yo, yo que con solo extender la mano podía arrancarte de aquella situación infamante, te miraba ebrio de felicidad y de ventura... Gozaba con tu sufrimiento... ¡Reía con tu martirio, Blanca!... ¡Y gozaba aún más, y reía aún más con el martirio y la desesperación del virrey!... Hubo un

	momento en que quise huir... Huir muy lejos de los dos, y entonces... (Con expresión de infinita ternura, cambiando de semblante.) el influjo de tu mirada, el eco dulce, argentino y armonioso de tu voz, me detuvieron: ¡oí el grito del amor en mi pecho!... Tu ser entero se traspasó a mi ser, dominándolo, embriagándolo, absorbiéndolo, y en esa espantosa lucha, entre mi amor y mi venganza...
Blanca	¡Tu venganza...!
Sancho	¡No sabes lo que es eso...! Retorcía el dolor mi alma; sentía la locura en mi cerebro; estallaba la desesperación en mi pecho, como la tormenta en el negro centro de una nube, y un torrente de blasfemias y de oraciones brotaba de mis labios...
Blanca	¡Sancho...! ¡Pero tú deliras aún...!
Sancho	¡No, no, Blanca...! ¡Pobre Blanca mía!... Yo no deliro, no... No deliro; pero sí creo que estoy loco. Esto es, que aún sostiene mi alma un tremendo combate... Aquí siento la lucha... ¡Fiera, desesperada!... ¡Mortal! Vete... Recógete... ¡Déjame solo...!
Blanca	¡Sancho...!
Sancho	¡Yo te amo...! ¡Vete! (Blanca abandona la escena llorando.)

Escena V

(Sancho, que se ha quedado viendo desaparecer a Blanca, cuando ésta desaparece dice:)

Sancho   ¡Infeliz! ¿Por qué una sangre maldecida circula por tus venas? ¡Ay!... ¿Qué culpa tengo yo de haberte amado antes de conocer la savia que anima tu existencia, que da dolor y frescura a tus mejillas, sonrisa a tus labios, luz a tus ojos...? ¿Por qué debo aborrecerte hoy, cuando te amo con toda mi alma?... ¿Qué es esto?... ¡Ay! ¡Ay!... No puedo... ¡No puedo más...! (Se deja caer desplomado en el escaño. Pausa ligera.)

Escena VI
Sancho, Fortún

Fortún   Señor...

Sancho   ¿No he dicho, Fortún, que no estoy para nadie?

Fortún   Esa orden, ¿alcanza también a Su Excelencia?

Sancho   ¿Al virrey?

Fortún   Sí, señor.

Sancho   No, no; al virrey no... (Levantándose.) Pero... ¿por qué lo dices?

Fortún   Porque se dirige hacia aquí; le he visto.

Sancho   Si aquí viene, dale paso, Fortún. (Aparece el Virrey.) ¡Ah!... (Aparte.) ¡El cielo me lo envía!... (Hace seña a Fortún de que se retire.)

Escena VII
Sancho, el Virrey.

Virrey	Sancho...
Sancho	Adelante, señor... ¡Tanta honra!...
Virrey	Ya te he dicho que te amo como a un hijo, Sancho. No viene a tu casa el virrey de México; en ella entra el amigo... Recíbeme como a tal.
Sancho	Y ¿a qué debo entonces este placer...? Sentaos, señor, sentaos... (El Virrey se sienta.)
Virrey	¡Me acerco a ti, Sancho, porque soy muy desgraciado!
Sancho	(Con placer.) ¡Vos muy desgraciado!...
Virrey	Sí. ¡Si tú supieras...!
Sancho	¿Y qué os pasa? Sepamos... pero permitidme cerrar esta puerta, porque entra un frío... (Le pasa un cerrojillo a la puerta que comunica con el interior, y por la cual desapareció Blanca.) ¡Y bien, señor!, ¿qué os hace desgraciado? ¡Parece increíble! Un hombre poderoso, rico, inmensamente rico, mecido desde su infancia en brazos de la Fortuna... ¿Acaso vuestra esposa?...
Virrey	¿Mi esposa?... No. Mi esposa no ha podido nunca hacerme desdichado, por lo mismo que nunca me ha hecho feliz. Jamás nos hemos amado. Caséme con ella por respetos de familia, y en fin...
Sancho	No comprendo entonces...

Virrey	¡Óyeme, Sancho! Hace muchos años que es mi único bien, mi única alegría, mi único exclusivo afecto en este mundo, una hermosa niña.
Sancho	Sí, Sí... Una hermosa niña que ha crecido de educanda en un convento de Sevilla...
Virrey	¡Lo sabías!... (Profundamente sorprendido.)
Sancho	Y que trajisteis con vos a México hace dos años...
Virrey	¡Sí!...
Sancho	La alojasteis en las Concepcionistas, donde la hicisteis amar y respetar, como si hija vuestra hubiese sido...
Virrey	¡Eso es!
Sancho	La visitabais todos los días, misteriosamente al caer la tarde...
Virrey	Sí, porque...
Sancho	Ya lo habéis dicho: porque la amabais con todo el poder de vuestra alma...
Virrey	¡Con todo el poder de mi alma! Pero...
Sancho	Pero... ¡Os la han robado! (Pausa ligerísima.)
Virrey	(Acercándose a Sancho con grande emoción.) ¡Y tú, tú, Sancho, sabías esto también!...
Sancho	Cuando os lo digo...

Virrey	¿Y quién, quién ha sido?... ¡Quién! ¡No me reveles su nombre, nada me importa! Dime dónde está... Dímelo... ¡Porque quiero beber su sangre toda!
Sancho	Calma, señor virrey... ¡Más calma!
Virrey	¡Calma, y ella no está a mi lado!... ¡Calma, y las horas vuelan...! ¡Calma, y el dolor acrece y la desesperación mata!
Sancho	¡Mucho sufrís...!
Virrey	¡Dime quién es, Sancho! ¡Tú lo sabes, lo estoy leyendo en tus ojos!... ¡Dímelo!... ¡No ignoras que aquí valgo cuanto vale un rey! ¡El rey no es más poderoso que yo! ¡Pídeme honores, riquezas, preeminencias...! ¡Todo, todo por una palabra tuya! Habla... lo sabes, ¿no es verdad?
Sancho	¡Sí, lo sé!
Virrey	¡Oh, ventura!... ¿Y has de decírmelo...?
Sancho	¡No!
Virrey	(Furioso.) ¿No?... ¿que no has de decírmelo tú?... (Se dirige hacia la puerta del fondo, alzando la voz.) ¡Hola! ¡A mí...!
Sancho	(Deteniéndolo suavemente.) ¡Ah!, voy a cerrar esa puerta, porque entra un frío... (Cierra con llave la puerta del fondo. El Virrey lo contempla con espanto.)

Virrey	¡Sancho!... ¿Te estás burlando de mí?... ¿Estás jugando con mi agonía?... Pero no, no... ¡Tú no eres capaz de eso, imposible!... ¡Tú no eres un ingrato!
Sancho	Sentaos, señor virrey, y escuchadme.
Virrey	¿Que yo me siente?... Bueno, te obedezco... Ya lo ves: me siento... ¿Pero has de decírmelo?...
Sancho	¡Oíd! Anoche mismo, anoche, señor virrey, os refería que Juan de Paredes... aquel sujeto a quien os habían recomendado...
Virrey	¡Dios mío! Pero, ¿y eso qué tiene que ver?...
Sancho	Si no tenéis calma...
Virrey	¡Sancho!
Sancho	Si no tenéis calma, enmudezco, y entonces nada sabréis, aun cuando me pusierais en el potro del martirio.
Virrey	Bien, bien... Ya callo... Ya escucho... ¡Qué ansiedad!
Sancho	Juan de Paredes, el desventurado huérfano, encomendó a un amigo suyo, muy íntimo, mucho, en una palabra, otro él, la misión de vengar sus agravios en la persona del robador de doña Mencia y del asesino de su padre; y este amigo, este buen amigo, descubrió al fin al infame... ¡Ah! ¡Era un hombre muy poderoso!
Virrey	¿Y tú sabes su nombre?

Sancho   Si me interrumpís...

Virrey   ¡Escucho!

Sancho   El amigo de Juan Paredes logró acercarse primero... hablar después... introducirse en la casa... y luego, en el corazón del verdugo. Le espió como el cazador de lobos a su presa... Le acechó cauteloso... Se impuso de sus actos, de sus menores movimientos. Estudió su carácter, sus afecciones más íntimas; le siguió a todas partes y a todas horas, y descubrió al fin el lugar... ¡El lugar en que se ocultaba el cubil de la fiera! ¡No tenía más que un único amor sobre la tierra!... Y allí clavó sus ojos, porque clavándolos allí clavaba un puñal en el corazón del asesino... No... en su corazón no, ¡en su alma!... ¡Porque aquel amor era su hija...! ¡Una doncella encantadora...!

Virrey   ¡Sigue...!

Sancho   Díjola amores...

Virrey   Sigue...

Sancho   Ella le amó con la ceguedad y el poder todo del amor primero...

Virrey   ¿Y él?

Sancho   Él... ¡No la amaba!

Blanca   (Desde dentro con un débil grito.) ¡Ay!

Virrey   Ese gemido...

67

Sancho	¿Un gemido?... ¿Vos habéis oído un gemido?
Virrey	Creí... Tal vez no... Me engañé... ¡Sigue!
Sancho	Y una noche... ¡Anoche!...
Virrey	¡Ya lo sé...! ¡Calla! ¡Su nombre...!
Sancho	Robóla él... Para deshonrarla...
Virrey	¡Calla!
Sancho	¡Para envilecerla...!
Virrey	¡Para envilecerla...! ¿Y ella...?
Blanca	(Dentro.) ¡Abre! (Sacudiendo violentamente la puerta.)
Sancho	¡Óyela!
Virrey	¡Allí... allí está ella! ¡Miserable...! ¿Qué has hecho?... ¡Vas a morir! (Lleva la mano a la empuñadura de su espada.)
Sancho	¡Sí, sí!... Ven, infame asesino, ¡porque yo te aborrezco como a ella!

Escena VIII
(Dichos y Blanca, que ha hecho ceder la puerta.)

Blanca	(Forzando al fin la puerta y dirigiéndose a Sancho.) ¡Mientes!... ¡Mientes!... ¡Tú no me aborreces!

Virrey	¡Blanca!
Sancho	(Señalando a Blanca.) ¡Mírala... Mírala...! ¡Allí estaba!... (Señalando a la habitación en que estaba Blanca.) ¡Y cuando dentro de poco hayas muerto por mi mano, virrey de México, habrás muerto dos veces!
Virrey	(A Blanca.) ¿Y es cierto...?
Blanca	¡Sancho! ¡Defiéndeme de la deshonra!
Sancho	(Sin hacer caso de ella, al Virrey.) Cuando un padre encuentra al cabo...
Virrey	(Queriendo poner una mano en la boca de Sancho.) ¡Calla, maldito, calla!...
Sancho	¡Blanca! ¡Ése no es tu tutor, ése es... tu padre...!
Virrey	¡Ah!
Blanca	¡Mi padre! (Quédanse Blanca y el Virrey como anonadados.)
Sancho	(Contemplándolos.) ¡Y cuánto debe sufrir el corazón de un padre, al presentársele la vez primera con este sagrado título a la hija de su corazón!... ¡Ella no puede darle a besar su frente, no puede...!
Blanca	(Suplicante.) ¡Sancho!
Virrey	¡Infamia!

Sancho	¡Infamia, no! ¡Porque el sufrimiento de ella está centuplicando el vuestro!
Virrey	(Desenvainando su puñal.) ¡Blanca! ¡Vas a morir...!
Sancho	(Arrojándose sobre el Virrey.) ¡No la toquéis!... ¡Miradla!... ¡Es inocente! Amor me ha robado mi presa... ¡Tanto la amé que pudo más mi amor que mi venganza! (En el semblante del Virrey aparece la alegría.) ¡No te goces, virrey! ¡Tú, que has sabido robar mujeres y asesinar ancianos, no te goces!... ¡Solo Dios y tú, y yo, sabemos que está pura! No me he atrevido ni a ofenderla con una mirada; pero mañana...
Virrey	¡Ah!
Sancho	Mañana sabrá toda tu corte que ésa es tu hija.
Virrey	No.
Sancho	Y que ha pasado allí la noche... (Señalando a las habitaciones interiores.)
Virrey	Tú morirás.
Sancho	Lo sabe mi escudero.
Virrey	(Sacando la espada.) Basta... ¡Sangre! ¡Tu sangre!... ¡Qué sed tan espantosa!...
Sancho	(Desenvainando.) Como la mía, no.
Blanca	Señor, teneos... Sancho, ¿es esto posible?

Sancho	¡Otra vez su acento...! ¡Otra vez el grito de su amor aquí en mi pecho! Aparta, aparta de mí, Blanca, tu mirada, que a su influencia mi brazo desfallece y tiembla en mi mano el acero cobarde.
Blanca	¡Sancho, basta!
Sancho	¡Óyelo... Óyelo, padre mío! Ella lo ruega... ¡Ten compasión de mí, si cuando ha llegado la hora de vengarte, por salir pugna el perdón de mis labios!... ¡Padre mío, perdón!
Virrey	¡Tu padre has dicho!, ¿quién era tu padre? ¿Cómo te llamas?
Sancho	Me llamo ¡Juan de Paredes!
Virrey	Tú... ¿tú eres hijo de Diego Paredes y doña Mencia?
Sancho	¿Para qué me lo recuerdas? ¿Por qué haces que aparezcan ante mí sus fantasmas ensangrentados?... Sí, yo soy... Yo, quien te lo roba todo.
Virrey	¡Tú, quien la deshonra!
Sancho	Sí.
Virrey	¡Parece que Satanás vive en su pecho, y que el infierno inspira sus palabras!
Blanca	¿Qué dice?
Sancho	¿Qué decís?

Virrey	¡Desdichado, sabe que aquellos ocultos amores con doña Mencia tuvieron un fruto, y ese fruto es...!
Sancho	¡Ella! Amor maldito... ¡Ella es mi hermana...! ¡Oh, Dios poderoso!
Blanca	¡Huye, Sancho, de aquí!... ¡Perdón y olvido!
Sancho	¡Perdón y olvido!... ¡Sí, Dios me castiga! ¡Muera en mi pecho, muera el sacrílego amor al par de mi venganza! ¡Ay... No volveré a mirar, mientras tu halago endulza otra existencia...! ¡Desventura mayor!
Blanca	Sancho... En un convento acabaré mis días. (Movimiento de dolorosa resignación en el Virrey, que dobla la frente al suelo.)
Sancho	Allí ruega por mí... ¡Blanca! (Despidiéndose.)
Blanca	¡Sancho!...
Sancho	¡Hasta el cielo! (Con inmenso dolor y dirigiendo sus pasos hacia la puerta del fondo.)
Blanca	¡Hasta el cielo! (Cayendo de rodillas.)

FIN DEL ACTO TERCERO Y ÚLTIMO

Libros a la carta
A la carta es un servicio especializado para
empresas,
librerías,
bibliotecas,
editoriales
y centros de enseñanza;
y permite confeccionar libros que, por su formato y concepción, sirven a los propósitos más específicos de estas instituciones.
Las empresas nos encargan ediciones personalizadas para marketing editorial o para regalos institucionales. Y los interesados solicitan, a título personal, ediciones antiguas, o no disponibles en el mercado; y las acompañan con notas y comentarios críticos.
Las ediciones tienen como apoyo un libro de estilo con todo tipo de referencias sobre los criterios de tratamiento tipográfico aplicados a nuestros libros que puede ser consultado en Linkgua-ediciones.com.
Linkgua edita por encargo diferentes versiones de una misma obra con distintos tratamientos ortotipográficos (actualizaciones de carácter divulgativo de un clásico, o versiones estrictamente fieles a la edición original de referencia).
Este servicio de ediciones a la carta le permitirá, si usted se dedica a la enseñanza, tener una forma de hacer pública su interpretación de un texto y, sobre una versión digitalizada «base», usted podrá introducir interpretaciones del texto fuente. Es un tópico que los profesores denuncien en clase los desmanes de una edición, o vayan comentando errores de interpretación de un texto y esta es una solución útil a esa necesidad del mundo académico.
Asimismo publicamos de manera sistemática, en un mismo catálogo, tesis doctorales y actas de congresos académicos, que son distribuidas a través de nuestra Web.
El servicio de «libros a la carta» funciona de dos formas.
1. Tenemos un fondo de libros digitalizados que usted puede personalizar en tiradas de al menos cinco ejemplares. Estas personalizaciones pueden ser de todo tipo: añadir notas de clase para uso de un grupo de estudiantes, introducir logos corporativos para uso con fines de marketing empresarial, etc. etc.

2. Buscamos libros descatalogados de otras editoriales y los reeditamos en tiradas cortas a petición de un cliente.

www.ingramcontent.com/pod-product-compliance
Lightning Source LLC
Chambersburg PA
CBHW031459040426
42444CB00007B/1147